NAVEGACIÓN DESIERTO PARA PRINCIPIANTES

La guía definitiva para orientarse
Maximizando el mapa y la brújula
durante viajes por la naturaleza,
incluidas habilidades de navegación
para excursionistas y
supervivientes

Mina Mong
Derechos de autor@2024

TABLA DE CONTENIDOS

CAPÍTULO 1

INTRODUCCIÓN

La importancia de navegar en aventuras en la naturaleza

Explorar el aire libre proporciona una sensación inigualable de liberación y emoción. Muchos se sienten atraídos por el atractivo tranquilo de los paisajes vírgenes, la emoción de aventurarse en territorios desconocidos y la sensación de logro que conlleva confiar en uno mismo en actividades al aire libre como caminatas y expediciones de supervivencia. Sin embargo, la sensación de libertad que conlleva explorar el aire libre también conlleva el peligro potencial de perder el rumbo, transformando lo que debería ser una aventura emocionante en una situación potencialmente peligrosa. Aquí es donde el arte de la navegación se convierte no sólo en una habilidad útil, sino también crucial para quienes se aventuran en territorios remotos o desconocidos.

La navegación eficaz es crucial para garantizar un viaje seguro y próspero a través de la naturaleza. Sin una guía adecuada, incluso el aventurero más experimentado puede perderse fácilmente. Atravesar los terrenos indómitos y desconocidos al aire libre puede resultar bastante desorientador para quienes no están preparados. Desorientarse en un territorio desconocido puede tener graves repercusiones, como estar expuesto a condiciones climáticas extremas, acceso limitado a recursos esenciales como alimentos y agua y situaciones potencialmente mortales. Así, adquirir destreza en las técnicas de navegación es fundamental para garantizar tanto el placer del viaje como el bienestar y supervivencia del viajero.

Introducción al mapa y la brújula como herramientas cruciales

Cuando se trata de navegar en la naturaleza, el mapa y la brújula son incomparables en su confiabilidad e importancia. A diferencia de los dispositivos GPS modernos, que dependen de baterías y señales de satélite que pueden fallar o volverse inalcanzables, un mapa y una brújula son completamente autónomos. Su método de navegación ha resistido la prueba del tiempo y es conocido por su fiabilidad, ya que se ha utilizado durante siglos.

Un mapa, especialmente un mapa topográfico, proporciona una descripción completa del paisaje, que abarca elementos naturales como montañas, valles y ríos, así como elementos creados por el hombre como senderos y caminos. Permite a los excursionistas y supervivientes obtener una comprensión integral del terreno, diseñar estrategias para sus rutas y determinar su posición precisa en relación con puntos de referencia familiares.

Por otro lado, una brújula es una herramienta sencilla pero eficaz que indica la dirección en relación con los polos magnéticos de la Tierra. Cuando se combina con un mapa, una brújula se convierte en una herramienta invaluable para determinar rumbos precisos, lo que permite a los viajeros navegar con la máxima precisión entre diferentes puntos. Con un conocimiento sólido de la lectura de mapas y la interpretación de la brújula, las personas pueden navegar con confianza y precisión a través de la naturaleza.

Ventajas para los entusiastas de las actividades al aire libre y aquellos con una habilidad especial para sobrevivir.

Adquirir habilidades en la navegación con mapas y brújula tiene numerosas ventajas que van más allá de simplemente evitar perderse. Estas habilidades brindan a los excursionistas y supervivientes una variedad de beneficios importantes:

1. Mayor seguridad y confianza: tener la capacidad de navegar a través de terreno desconocido usando un mapa y una brújula proporciona una reconfortante sensación de seguridad. Los aventureros pueden aventurarse sin miedo en territorios inexplorados, seguros de su capacidad para navegar el camino de regreso. En situaciones de emergencia, poder encontrar una ubicación conocida o determinar la ruta más rápida hacia un lugar seguro puede ser crucial para salvar vidas.

2. Mayor autosuficiencia: - Depender demasiado de los dispositivos electrónicos para la navegación puede ser peligroso en la naturaleza. Siempre existe la posibilidad de que las baterías se agoten, los dispositivos funcionen mal y las señales desaparezcan. Armados con un mapa y una brújula, los aventureros y entusiastas de las actividades al aire libre obtienen la capacidad de navegar de forma independiente, confiando únicamente en sus propias habilidades en lugar de en la tecnología moderna.

3. Un vínculo más fuerte con el entorno: navegar con éxito a través de paisajes

desconocidos exige una profunda familiaridad con el entorno que nos rodea. Esta práctica promueve una mayor conciencia del entorno, fomentando un vínculo más fuerte con el mundo natural. Mejora tu comprensión de tu entorno y te ayuda a desarrollar una conexión más profunda con la naturaleza.

4. Planificación y preparación mejoradas: - La utilización de un mapa y una brújula permite una planificación de viaje más exhaustiva. Trazar rutas para excursionistas implica considerar cambios de elevación, obstáculos potenciales y puntos de interés a lo largo del camino. Estar bien preparado garantiza que sus viajes sean más agradables y eficientes.

5. Desarrollo de habilidades: - Dominar el arte de la navegación usando un mapa y una brújula mejora el pensamiento crítico y las habilidades de resolución de problemas. Hay que interpretar datos, tomar decisiones basadas en información limitada y adaptarse a las condiciones cambiantes. Estas habilidades tienen un valor inmenso, no sólo al aire libre, sino también en nuestra vida cotidiana.

6. Apreciación Cultural e Histórica: - Los métodos de navegación utilizando mapas y brújulas tienen un pasado fascinante e

histórico. La comprensión de estas técnicas vincula a los aventureros de hoy con los pioneros de antaño, fomentando un sentimiento de legado continuo y admiración por las costumbres de exploración y resiliencia.

7. Responsabilidad ambiental: - Viajar sin depender de senderos marcados o dispositivos electrónicos alienta a los viajeros a practicar los principios de No dejar rastro de manera más efectiva. Enfatiza la importancia de preservar el medio ambiente alentando a las personas a evitar crear nuevos caminos y perturbar la vida silvestre.

8. Rescate y asistencia: - Cuando los excursionistas o supervivientes se encuentran con personas que necesitan ayuda, sus confiables habilidades de navegación les permiten brindar direcciones precisas, liderar operaciones de rescate o ayudar a los servicios de emergencia a encontrar la ubicación precisa, lo que potencialmente marca una diferencia que salva vidas. .

9. Adaptabilidad en diferentes entornos: tener una sólida comprensión de las habilidades con mapas y brújulas es crucial incluso en situaciones desafiantes. Se destacan en una amplia gama de entornos, desde espesos bosques hasta

montañas escarpadas y desiertos áridos. Su versatilidad los hace esenciales para cualquier aventurero que explore el aire libre.

10. Mayor placer al aire libre: - En última instancia, tener un fuerte sentido de dirección y habilidades de navegación mejora en gran medida el disfrute general de explorar el aire libre. Explorar territorios inexplorados, descubrir tesoros escondidos y aventurarse en áreas remotas aporta una dosis extra de emoción y satisfacción a la expedición.

La navegación es absolutamente crucial cuando se embarca en viajes por la naturaleza. El mapa y la brújula siguen siendo firmes y confiables, ofreciendo a los excursionistas y supervivientes los medios para navegar con confianza y eficiencia. Desarrollar el dominio de estas habilidades no solo aumenta la seguridad y la confianza en uno mismo, sino que también cultiva un vínculo más fuerte con la naturaleza, fomenta la autosuficiencia y mejora la aventura general al aire libre. En un mundo donde la tecnología evoluciona constantemente, las habilidades eternas de la navegación con mapas y brújula siguen siendo cruciales. Estas habilidades brindan el conocimiento y la confianza necesarios para quienes exploran el aire libre,

permitiéndoles prosperar en la
naturaleza.

CAPITULO 2

Comprender los mapas

Navegar con éxito por la naturaleza requiere una gran habilidad para descifrar y comprender mapas. Los mapas ofrecen una representación visual de una región, mostrando la disposición del terreno, puntos de referencia notables y otros elementos importantes. Para aquellos que se aventuran al aire libre, tener un conocimiento sólido de varios tipos de mapas y la capacidad de descifrar sus símbolos es esencial para navegar con confianza.

A. Diferentes tipos de mapas

Existen diferentes tipos de mapas, cada uno con su propio propósito. Estos son los principales tipos de mapas que son importantes para navegar en la naturaleza:

1. Mapas topográficos - Descripción: Los mapas topográficos proporcionan representaciones intrincadas del terreno de la Tierra, mostrando tanto maravillas naturales como estructuras creadas por el hombre. Se incluyen líneas de contorno para mostrar los cambios de

elevación, lo que las hace perfectas para comprender la disposición del terreno.
- Usos: estos mapas son cruciales para las personas que se aventuran al aire libre, ya sea para practicar senderismo, escalada o supervivencia. Ofrecen una representación completa y detallada del terreno, lo que permite una mejor navegación y comprensión del entorno. Ayudan a planificar rutas, evaluar los desafíos del terreno y reconocer obstáculos potenciales.

2. Mapas de carreteras - Descripción: Los mapas de carreteras proporcionan información detallada sobre carreteras, autopistas y rutas de transporte principales. Con frecuencia incorporan pueblos, ciudades y puntos de interés, pero no proporcionan detalles topográficos extensos.
- Usos: Los mapas de carreteras pueden ser útiles para planificar el viaje hacia y desde el área silvestre, aunque pueden no ser la mejor opción para navegar en lo profundo de la naturaleza. También pueden resultar útiles para localizar instalaciones cercanas, como gasolineras u hospitales.

3. Mapas especializados (p. ej., orientación): Descripción: Los mapas especializados están diseñados para actividades específicas. Los mapas

utilizados para la orientación, por ejemplo, son increíblemente complejos y están creados específicamente para esa actividad. Destacan elementos clave para una navegación eficaz, incluidos diferentes tipos de vegetación, formaciones rocosas distintivas y contornos detallados.
- Usos: Estos mapas son perfectos para actividades recreativas que requieren una navegación precisa, como la orientación. También son excelentes para explorar a fondo secciones más pequeñas de la naturaleza.

B. Comprender la lectura de mapas

Tener una comprensión sólida de los símbolos, contornos y escalas de un mapa es crucial para una navegación eficaz.

1. Comprensión de los símbolos y la leyenda del mapa: descripción: los mapas utilizan una amplia gama de símbolos para representar diversos elementos, incluidos ríos, senderos, edificios y vegetación. Una característica común en los mapas es la leyenda, que proporciona explicaciones de los distintos símbolos utilizados.
- Importancia: conocer estos símbolos permite a los excursionistas y supervivientes reconocer rápidamente

características y puntos de referencia cruciales. Por ejemplo, conocer los símbolos de las fuentes de agua o los refugios puede ser crucial en situaciones de supervivencia.

2. Líneas de contorno y elevación - Explicación: Las líneas de contorno en mapas topográficos proporcionan información sobre la elevación. Las diferentes líneas en el mapa indican diferentes elevaciones, mientras que el espacio entre ellas indica la pendiente del terreno. Observar el espacio entre líneas puede proporcionar información sobre la pendiente del terreno. Si las líneas están muy juntas, indica pendientes pronunciadas, mientras que las líneas muy espaciadas sugieren pendientes más suaves.
- Importancia: Tener un buen conocimiento de las curvas de nivel es crucial cuando se trata de evaluar los desafíos que plantea el paisaje y diseñar estrategias para su navegación. A través de la interpretación de las curvas de nivel, los navegantes experimentados pueden navegar por el terreno con facilidad, evitando subidas difíciles o descensos peligrosos y encontrando las rutas más convenientes.

3. Escala y distancia: Descripción: La escala de un mapa ilustra la correlación

entre las distancias en el mapa y las distancias de la vida real en el terreno. Normalmente, se representa como una proporción, como 1:25.000, lo que indica que 1 unidad en el mapa corresponde a 25.000 unidades en la realidad.
- Importancia: comprender cómo utilizar la báscula es crucial para estimar distancias con precisión y planificar eficazmente el tiempo de viaje entre diferentes ubicaciones. Es esencial gestionar eficazmente los recursos y garantizar la llegada oportuna a los destinos.

C. Comprender la orientación del mapa
Después de comprender la lectura de mapas, la tarea siguiente consiste en alinearlos con precisión con el paisaje circundante.

1. Alineación del mapa con el terreno - Descripción: Colocar el mapa de manera que coincida con las características reales frente a usted. Normalmente, se utilizaría una brújula para asegurarse de que el norte del mapa esté correctamente alineado con el norte verdadero.
- Instrucciones:
1. Localice un punto de referencia familiar: descubra un punto de referencia distinguible tanto en el mapa como en el terreno circundante.

2. Ajuste el mapa: gire el mapa hasta que el punto de referencia en el mapa se alinee con el punto de referencia real.
3. Utilice una brújula: coloque la brújula en el mapa, asegurándose de que la aguja de la brújula esté alineada con el norte del mapa. Realiza los ajustes necesarios al mapa.
- Importancia: Tener una buena comprensión de la orientación del mapa es crucial para una navegación precisa. Garantiza que los caminos que sigues en el mapa se alinean perfectamente con los caminos reales del terreno.

2. Uso de puntos de referencia como orientación - Descripción: Los puntos de referencia son características distintivas del entorno que son fácilmente identificables, como montañas, ríos o estructuras hechas por el hombre.
- Instrucciones:
1. Observe las características notables: tome nota de los puntos de referencia destacados en su entorno y encuéntrelos en el mapa.
2. Utilice varios puntos de referencia para determinar su posición dibujando líneas a partir de estos puntos de referencia e identificando su intersección en el mapa.
3. Actualice continuamente su posición identificando nuevos puntos de

referencia y repitiendo el proceso a medida que avanza.

- Importancia: el uso de puntos de referencia como medio de orientación ofrece un enfoque confiable para realizar un seguimiento de su dirección y confirmar su ubicación. Esta técnica es particularmente útil en situaciones donde la visibilidad está restringida o al maniobrar a través de paisajes intrincados.

Tener un conocimiento sólido de los mapas es esencial para las personas que disfrutan explorando el aire libre. Tener un buen conocimiento de varios mapas y sus propósitos específicos es esencial para asegurarse de tener la herramienta adecuada para sus escapadas al aire libre. Comprender un mapa requiere la capacidad de descifrar símbolos, curvas de nivel y escalas, todos los cuales ofrecen información valiosa sobre el paisaje y las distancias. Dominar el arte de la orientación de mapas, el uso de la brújula y la identificación de puntos de referencia es crucial para una navegación precisa y para garantizar la seguridad y la confianza al aire libre.

Desarrollar el dominio de estas habilidades no solo lo capacita para enfrentar los obstáculos de navegación de manera efectiva, sino que también cultiva un vínculo más fuerte con la naturaleza y una mayor admiración por las complejidades de la elaboración de mapas. Armado con una gran cantidad de conocimientos gracias a tu mapa y una brújula confiable, podrás aventurarte sin miedo al aire libre, garantizando que tus expediciones sean seguras y placenteras.

CAPÍTULO 3

Dominar la brújula

Tener un conocimiento sólido de cómo utilizar una brújula es crucial para una navegación exitosa al aire libre. Comprender cómo utilizar correctamente una brújula es esencial para navegar con éxito a través de diversos paisajes. En esta sección, exploraremos las diferentes partes y variedades de brújulas, junto con los métodos para utilizar una brújula de manera efectiva. Esto incluye adquirir y seguir un rumbo, así como realizar ajustes para la declinación.

A. Partes de una brújula

Tener un conocimiento sólido de los componentes de una brújula es esencial para su óptima funcionalidad. Estos son los elementos esenciales:

1. Placa base - Descripción: La placa base es una superficie plana y transparente que sirve como base para la brújula. Con frecuencia incorpora reglas y escalas para medir distancias en mapas.
- Funciones:
1. Los bordes rectos y las reglas de la placa base ayudan a alinear la brújula con las características del mapa.

2. Esta herramienta ofrece una plataforma confiable para establecer y seguir direcciones.

3. Las reglas y básculas son herramientas esenciales para medir distancias en mapas, lo que mejora enormemente la precisión a la hora de planificar rutas.

- Importancia: una placa base cuidadosamente diseñada mejora la precisión del trabajo con mapas y aumenta la efectividad general de la brújula.

2. Flecha que indica la dirección de viaje

- Descripción: Hay una flecha de dirección de viaje en la placa base que le muestra qué camino tomar.

- Funciones:

1. Alineación adecuada: al orientarse, asegúrese de alinear la flecha con la dirección en la que desea ir.

2. Navegación: Indica la dirección que se debe seguir después de fijar un rumbo.

- Importancia: Esta flecha juega un papel crucial a la hora de convertir los rumbos en movimientos prácticos sobre el terreno, garantizando que se mantenga en el camino correcto.

3. Bisel giratorio (o anillo de azimut): Descripción: El bisel giratorio es un anillo circular y móvil marcado con grados (0° a 360°) que rodea la aguja de la brújula.

- Funciones:
1. Ajuste de los rodamientos: Ajuste el bisel para alinearlo con la aguja magnética para establecer un rodamiento.
2. Medición: esta característica permite medir y ajustar ángulos con precisión.
- Importancia: El bisel juega un papel vital en el ajuste e interpretación precisos de los rumbos, que son esenciales para la navegación.

4. Aguja Magnética - Descripción: La aguja magnética es un puntero magnetizado que se alinea con el campo magnético de la Tierra, indicando la dirección del norte.
- Funciones:
1. Orientación: Ofrece una indicación confiable del norte magnético.
2. La alineación de la aguja con el bisel garantiza ajustes precisos del rodamiento.
- Importancia: La aguja magnética sirve como componente central de la brújula y ofrece la referencia direccional esencial necesaria para la navegación.

B. Diferentes tipos de brújulas

Hay una variedad de brújulas disponibles para satisfacer diferentes requisitos de navegación. Estos son los principales tipos:

1. Brújula con placa base: Descripción: Una brújula con placa base tiene una placa base transparente con una aguja magnética y un bisel giratorio. Está diseñado específicamente para la navegación mediante mapas.
- Características:
1. La placa base es transparente, lo que facilita la lectura de mapas.
2. Herramientas para medición y alineación de mapas: ayudan a determinar distancias y garantizar una ubicación precisa del mapa.
3. Ciertos modelos ofrecen la comodidad de una función de declinación ajustable, lo que permite una fácil corrección de la declinación magnética.
- Uso: Perfecto para excursionistas y entusiastas de las actividades al aire libre que dependen de mapas precisos para encontrar su camino.
- Importancia: La brújula de placa base tiene un gran valor debido a su versatilidad y facilidad de uso, lo que ha llevado a su uso generalizado en la navegación en espacios naturales.

2. Brújula Lensatic - Descripción: La brújula lensatic es una opción popular entre el personal militar debido a su lente de observación, que permite orientarse con precisión.
- Características:

1. Lente de observación: mejora la precisión en la determinación de rumbos al permitir la observación directa de puntos de referencia.
2. La cubierta plegable tiene un doble propósito: mantiene segura la brújula y también puede utilizarse para apuntar.
3. Marcas que brillan en la oscuridad: ayudan a navegar en la oscuridad.
- Uso: Ideal para situaciones que exigen una precisión excepcional, como operaciones militares y topografía profesional.
- Importancia: La brújula lensática ofrece una precisión mejorada al determinar rumbos en distancias extensas, lo que la convierte en una herramienta invaluable en situaciones que requieren una navegación precisa.

C. Utilizar una brújula

Dominar el arte de la navegación con brújula requiere un conocimiento profundo de diversas técnicas, todas las cuales desempeñan un papel vital para garantizar una navegación exitosa. Estas son las principales técnicas:

1. Encontrar el camino - Descripción: Encontrar el camino implica determinar la dirección desde su ubicación actual hasta un punto distante.
- Instrucciones:

1. Elija un objetivo: seleccione un punto de referencia o característica destacada en el mapa hacia la que navegar.

2. Mantenga la brújula plana y apunte la flecha de dirección de viaje hacia el objetivo para alinearlo.

3. Ajuste el bisel: gire el bisel hasta que la aguja magnética se alinee con la flecha de orientación, que indica el norte.

4. Determine el rumbo: el número indicado por la flecha de dirección de viaje en el bisel representa su rumbo actual.

- Importancia: Garantizar un rumbo preciso es crucial para poder navegar con precisión hacia el destino deseado.

2. Navegar por el desierto - Descripción: Moverse en la dirección marcada por el rumbo es una habilidad esencial para navegar por el desierto.

- Instrucciones:

1. Determine la dirección: siga los pasos proporcionados para determinar con precisión la dirección.

2. Asegúrese de manejar correctamente la brújula: mantenga la brújula en una posición plana, sosteniéndola frente a usted.

3. Mantenga la aguja magnética alineada con la flecha de orientación mientras se mueve.

4. Continúe hacia el destino deseado: siga la dirección que muestra la flecha y

confirme periódicamente que la aguja permanezca alineada.
- Importancia: Mantener una dirección precisa garantiza mantenerse en el camino correcto, evitando desvíos o posibles confusiones.

3. Ajuste por declinación - Descripción: La declinación se refiere a la variación del ángulo entre el norte magnético (como lo muestra la aguja de la brújula) y el norte verdadero (norte geográfico). Para garantizar una navegación precisa es necesario realizar ajustes en función de la declinación.
- Instrucciones:
1. Encuentre la declinación local: obtenga el valor de declinación actual para su ubicación desde un mapa o una fuente en línea.
2. Asegúrese de ajustar la brújula si tiene un mecanismo de ajuste de declinación. Configúrelo en el ángulo correcto para una navegación precisa. Alternativamente, puede ajustar manualmente sus rodamientos.
- Cuando se trata de declinación este, es importante recordar incluir el valor de declinación en su rumbo.
- Para tener en cuenta la declinación oeste, simplemente reste el valor de declinación de su rumbo.
3. Configure el rumbo ajustado: siga los pasos para determinar el rumbo y luego

realice los ajustes necesarios para la declinación antes de continuar.
- Importancia: Tener en cuenta la declinación ayuda a eliminar cualquier imprecisión que pueda surgir de la variación entre el norte magnético y el verdadero, garantizando así una navegación precisa.

Uso de las habilidades de la brújula en la vida real

Para obtener una comprensión más profunda de cómo se pueden aplicar estas habilidades de la brújula, exploremos algunos escenarios diferentes:

Escenario 1: Navegando a través de un bosque denso - Desafío: Encontrar el camino a través de un bosque denso donde no se ven puntos de referencia por ninguna parte.
- Solución:
- Encuentra tu dirección: antes de aventurarte en el bosque, asegúrate de localizar un objetivo distante y determinar tu dirección.
- Mantener el rumbo: utilice la brújula para mantenerse en el rumbo, asegurándose de que la aguja permanezca alineada con la flecha de orientación.

- Tenga en cuenta la declinación: asegúrese de ajustar el rumbo para tener en cuenta la declinación local.
- Utilice las características naturales: aproveche el entorno circundante, como arroyos o crestas, para guiar su camino.

Escenario 2: Navegación nocturna usando una brújula - Desafío: encontrar el camino en la oscuridad con visibilidad limitada.
- Solución: - Utilice una linterna frontal: asegúrese de tener una linterna frontal equipada con una luz roja para mantener su visión nocturna.
- Establecer una dirección: utilice la brújula para establecer una dirección alineándola con una estrella prominente o un cuerpo celeste.
- Mantén el rumbo: sigue la dirección que muestra la flecha y utiliza regularmente la brújula para asegurarte de mantener el rumbo.

Escenario 3: Navegar en condiciones climáticas adversas - Desafío: Navegar en condiciones climáticas desafiantes con visibilidad limitada debido a niebla o lluvia intensa.
- Solución: - Establezca una dirección: establezca un rumbo hacia un lugar conocido antes de que disminuya la visibilidad.

- Manténgase en el camino: utilice la brújula para mantener su dirección y verifique periódicamente que esté en el camino correcto.
- Tenga en cuenta la declinación: tenga en cuenta la declinación local para garantizar una dirección precisa.
- Estimación de distancias: utilice el ritmo para medir las distancias recorridas, especialmente cuando las señales visuales no son fácilmente visibles.

Tener un buen conocimiento del uso de la brújula es una habilidad esencial para las personas que se aventuran al aire libre. Tener un buen conocimiento de las diferentes partes de una brújula es fundamental para utilizarla de forma eficaz. Comprender los diferentes tipos de brújulas, como las de placa base y las brújulas lensáticas, ayuda a seleccionar la herramienta más adecuada para sus necesidades.

Dominar el arte de la navegación con brújula requiere precisión al determinar los rumbos, seguirlos diligentemente y hacer los ajustes necesarios para tener en cuenta la variación entre el norte magnético y el norte verdadero. La aplicación de estas habilidades en situaciones de la vida real garantiza una navegación precisa y confiable en una variedad de escenarios, incluido atravesar bosques espesos, navegar de noche o enfrentar condiciones climáticas desafiantes.

A través de un profundo conocimiento de las habilidades de la brújula, las personas que se aventuran al aire libre pueden navegar con confianza y seguridad. Este conocimiento no sólo mejora sus experiencias al aire libre sino que también garantiza su capacidad para orientarse en cualquier tipo de entorno.

CAPÍTULO 4

Integrando mapa y brújula

Dominar el arte de la lectura de mapas y el uso de la brújula es crucial para una navegación precisa al aire libre. Cuando estas herramientas se utilizan juntas, los excursionistas y supervivientes pueden navegar con mayor precisión y confianza. En este apartado nos adentramos en el arte de navegar al aire libre. Discutiremos los métodos de triangulación, la planificación de su ruta y el empleo de diferentes estrategias para encontrar su camino utilizando una combinación de mapas y brújulas.

A. Triangulación

La triangulación es una técnica que le permite determinar su ubicación precisa utilizando rumbos para hacer referencia a dos puntos de referencia familiares y marcando sus posiciones en un mapa. Esta técnica es extremadamente útil cuando no está seguro de su ubicación al aire libre.

1. Identificación de puntos de referencia
- Descripción: La etapa inicial de la triangulación implica reconocer y notar elementos significativos y fácilmente

identificables en el entorno circundante, como montañas imponentes, estructuras u otros puntos de referencia únicos.
- Instrucciones:
1. Observe su entorno: mantenga un ojo atento a los alrededores, buscando puntos de referencia distintos que coincidan tanto con el terreno como con su mapa.
2. Verifique los puntos de referencia en el mapa: busque estas características en su mapa, asegurándose de que estén claramente marcadas y sean fáciles de reconocer.
3. Elija varios puntos de interés: seleccione un mínimo de dos, idealmente tres, puntos de referencia que estén bien distribuidos para garantizar una mayor precisión.
- Importancia: el reconocimiento preciso de puntos de referencia desempeña un papel vital para lograr una triangulación precisa. Confundir un punto de referencia con otro puede provocar errores importantes a la hora de determinar su ubicación.

2. Trazar posiciones en el mapa - Descripción: Después de identificar los puntos de referencia, puede determinar su posición orientándose hacia estos puntos de referencia y dibujando líneas en su mapa.
- Instrucciones:

1. Utilice su brújula para determinar la dirección hacia el primer punto de referencia. Alinee la flecha de dirección de recorrido con el punto de referencia y ajuste el bisel hasta que la aguja magnética quede alineada con la flecha de orientación.

2. Dibuja una línea: en tu mapa, coloca la brújula en el punto de referencia y traza con cuidado una línea a lo largo del borde de la brújula en la dirección que deseas ir.

3. Continúe con puntos de referencia adicionales: determine los rumbos hacia el segundo y tercer punto de referencia y luego trace líneas desde estos puntos en el mapa.

4. Encuentra tu posición: Tu ubicación está determinada por el punto donde se cruzan las líneas.

- Importancia: Trazar posiciones con precisión le permite determinar con precisión su ubicación en el mapa. Comprender su ubicación actual y elaborar estrategias para la siguiente etapa de su aventura es de suma importancia.

B. Planificación de su ruta

La planificación eficiente de la ruta es crucial para una aventura triunfante al aire libre. Al marcar cuidadosamente las ubicaciones clave y medir las distancias con precisión, puede garantizar un viaje tranquilo y exitoso.

1. Configuración de puntos de ruta - Descripción: Los puntos de ruta son puntos designados en su mapa que lo ayudan a navegar por el camino deseado.
- Instrucciones:
1. Identifique ubicaciones importantes: en su mapa, marque ubicaciones importantes a lo largo de su ruta, como dónde se cruzan los senderos, dónde puede encontrar agua y dónde puede acampar.
2. Asegúrese de marcar puntos de referencia en su mapa utilizando símbolos o notas.
3. Traza tu rumbo: conecta los puntos de referencia con líneas para trazar la ruta deseada.
4. Determine la dirección de cada segmento de la ruta entre puntos de referencia utilizando su brújula para establecer los rumbos.
- Importancia: Establecer puntos de referencia es crucial para dividir una expedición larga en secciones manejables, lo que mejora la navegación al proporcionar estructura y orden. También permite un seguimiento más eficaz del progreso y ajustes oportunos.

2. Medición de distancias - Descripción: Calcular las distancias entre puntos de

referencia es crucial para estimar el tiempo de viaje y gestionar eficazmente recursos como alimentos y agua.

- Instrucciones:

1. Utilice la escala del mapa: determine la escala de su mapa (por ejemplo, 1:25.000) y utilice la regla en la placa base de su brújula o una herramienta de escala separada.

2. Mida la distancia: alinee la regla o el compás a lo largo del camino que conecta dos puntos de referencia y determine la distancia.

3. Calcule la distancia real: utilice la escala en el mapa para determinar la distancia en mediciones del mundo real, como kilómetros o millas.

4. Determine el tiempo de viaje: utilice su velocidad promedio de caminata para estimar cuánto tiempo le llevará recorrer cada segmento.

- Importancia: la medición precisa de la distancia es crucial para una gestión eficiente del tiempo y para garantizar que tengas suficientes recursos para tu expedición. También ayuda a establecer objetivos de viaje diarios alcanzables.

C. Técnicas de navegación

Dominar ciertas técnicas puede mejorar en gran medida su capacidad para navegar a través de terrenos desconocidos y sortear con éxito obstáculos potenciales. Estrategias como apuntar, utilizar pasamanos e identificar puntos de referencia clave son especialmente valiosas cuando se navega por terrenos difíciles.

1. Apuntar - Descripción: Apuntar es una técnica que puede ayudarte a llegar a un punto específico, como un cruce de senderos o un cruce de río, incluso si tu rumbo está ligeramente desviado.
- Instrucciones:
1. Identifique el destino: determine la ubicación específica a la que debe llegar, como un sendero o un río.
2. Establezca un rumbo ligeramente desplazado en lugar de uno directo a la entidad.
3. Encuentra tu camino: continúa en la dirección hasta encontrar el punto de referencia deseado.
4. Cambie de dirección y siga la función: una vez que llegue a la función, ajuste su dirección en consecuencia y sígala hasta llegar a su destino.
- Importancia: Apuntar es fundamental para evitar perder el destino por pequeños errores de navegación. Esto es especialmente útil cuando encuentras el camino hacia características lineales, como senderos o ríos, que son fáciles de seguir una vez que los alcanzas.

2. Pasamanos y elementos de captura -
Descripción: Los pasamanos son
elementos lineales del paisaje que se
pueden seguir, como ríos, crestas o
caminos. Los puntos de referencia
notables pueden servir como indicadores
de que ha excedido su destino previsto,
como una colina prominente o una masa
de agua considerable.
- Instrucciones:
1. Ubique pasamanos: busque
características lineales notables en su
mapa que se encuentren a lo largo de su
camino planificado.
2. Utilice pasamanos: navegue siguiendo
estas características, utilizándolas como
guías.
3. Reconozca puntos de referencia clave:
observe puntos de referencia
importantes en su mapa que indiquen la
necesidad de hacer una pausa o alterar
su rumbo.
4. Manténgase alerta: mientras viaja,
asegúrese de estar atento a estos puntos
de referencia para confirmar que se
dirige en la dirección correcta y evitar
pasar de su destino previsto.
- Importancia: la utilización de
pasamanos y puntos de referencia
identificables simplifica la navegación al
ofrecer guías físicas y límites distintos.
Este método es útil para evitar
desorientarse y garantiza que podrás
ajustar tu camino si es necesario.

Dominar el arte de la lectura de mapas y el uso de la brújula es crucial para navegar con éxito por la naturaleza. Al dominar técnicas como la triangulación, la planificación de rutas y el empleo de estrategias de navegación como apuntar y usar pasamanos y elementos de captura, los excursionistas y supervivientes pueden navegar por la naturaleza con precisión y confianza. Al perfeccionar estas habilidades esenciales, podrás navegar con confianza a través de paisajes indómitos, utilizar eficientemente los recursos disponibles y saborear plenamente la emoción de tus escapadas al aire libre.

Tener la habilidad de identificar con precisión su paradero, diseñar estrategias para rutas eficientes y utilizar métodos de navegación efectivos garantiza su capacidad para abordar una variedad de escenarios al aire libre. Dominar estas habilidades mejorará su capacidad para navegar al aire libre, garantizando su seguridad y autosuficiencia. En última instancia, esto hará que sus aventuras en la naturaleza sean más satisfactorias y menos angustiosas.

CAPÍTULO 5

Habilidades de navegación avanzadas

Para aquellos que tienen experiencia en exploración o supervivencia al aire libre, es crucial adquirir habilidades de navegación avanzadas para poder navegar con éxito en paisajes intrincados y garantizar la seguridad en entornos exigentes. Estas habilidades se extienden más allá de los fundamentos del uso de mapas y brújulas, incorporando técnicas como la navegación a estima, basándose en indicadores naturales y combinando la tecnología GPS con métodos de navegación tradicionales. Esta sección ofrece una guía completa de estas habilidades avanzadas.

A. Navegando a través de lo desconocido

La navegación a estima es un método de navegación que requiere que usted determine su posición actual utilizando una posición previamente conocida y luego haga conjeturas fundamentadas sobre la dirección, la distancia y la velocidad que ha viajado. Puede resultar especialmente útil en situaciones con visibilidad limitada, como bosques densos o inclemencias del tiempo.

1. Estimación de distancias - Descripción:
La estimación precisa de la distancia es
esencial para una navegación a estima
precisa. Una forma de determinar la
distancia recorrida es calculándola
utilizando la velocidad y el tiempo, o
confiando en puntos de referencia y
ritmo familiares.
- Instrucciones:
1. Ritmo: Mida sus pasos en una
distancia familiar para calcular la
longitud de su zancada típica. A modo de
ejemplo, si se necesitan 66 pasos para
cubrir una distancia de 100 metros, la
longitud de su zancada sería de 1,5
metros.
2. Estimación del tiempo: al conocer su
velocidad típica al caminar (por ejemplo,
5 km/h), es posible hacer una estimación
de la distancia recorrida dentro de un
período de tiempo determinado. Después
de caminar durante 2 horas a un ritmo
constante de 5 km/h, habrías recorrido
una distancia de unos 10 kilómetros.
3. Calcular distancias utilizando puntos
de referencia en el mapa puede resultar
muy útil. Si un punto de referencia
familiar está a 3 kilómetros de distancia
en el mapa y llegas allí en 30 minutos, tu
velocidad es de 6 km/h.
- Importancia: la estimación precisa de
la distancia desempeña un papel crucial
para garantizar una posición exacta,
especialmente en situaciones en las que

otras ayudas a la navegación no son accesibles.

2. Mantener el rumbo - Descripción: Mantener el rumbo implica garantizar una dirección constante mientras se viaja. Es fundamental asegurarse de mantener el rumbo y llegar con éxito a la ubicación deseada.
- Instrucciones:
1. Establezca una dirección: utilice su brújula para determinar la dirección desde su ubicación actual hasta su siguiente punto de ruta.
2. Mantén el rumbo: sigue la dirección indicada y utiliza regularmente tu brújula para mantener el rumbo.
3. Utilice puntos de referencia: tome nota de las características naturales o artificiales a lo largo de su ruta para ayudar a mantener su rumbo. Por ejemplo, fije su mirada en un árbol o una colina en la distancia que se alinee con la dirección a la que desea ir.
4. Haga ajustes para cualquier desviación: si se desvía del rumbo, simplemente corrija su dirección para volver al camino correcto. Asegúrese de monitorear constantemente su brújula y el entorno que lo rodea para mantener el rumbo.
- Importancia: Mantener un rumbo constante es crucial para evitar desvíos innecesarios y garantizar un viaje

eficiente, lo que a su vez minimiza las posibilidades de desorientarse.

B. Utilizando indicadores naturales

Cuando se carece de un mapa o una brújula, confiar en indicadores naturales como el sol, las estrellas y las pistas ambientales puede resultar increíblemente útil para la navegación.

1. Sol y estrellas - Descripción: El sol y las estrellas son cuerpos celestes confiables que pueden ayudar a determinar la dirección y el tiempo.
- Instrucciones:
1. Usar señales celestes: Los cuerpos celestes brindan una guía valiosa, ya que el sol sale por el este y se pone por el oeste. Durante el mediodía en el hemisferio norte, la dirección general es hacia el sur. Las sombras también pueden servir como guía útil: en el hemisferio norte, las sombras siempre apuntarán hacia el norte.
- El método del palo de sombra: clava una rama vertical en la tierra y utiliza una roca para marcar el final de su sombra. Después de esperar entre 15 y 30 minutos, puedes marcar la nueva posición de la punta de la sombra. Conecta los dos puntos con una línea que se extiende de izquierda a derecha, con la marca inicial en el lado izquierdo.

2. Usando las estrellas: Durante la noche, la Estrella Polar (Polaris) sirve como guía confiable para determinar la dirección del norte en el hemisferio norte. Descubrir su ubicación implica identificar la constelación de la Osa Mayor y conectar una línea desde el borde exterior del cuenco hasta la estrella brillante adyacente.
- El método de la Cruz del Sur: En el hemisferio sur, la constelación de la Cruz del Sur indica la dirección del polo sur celeste. Imagínese dibujar una línea que pase por el centro de la cruz y extenderla hasta el horizonte.
- Importancia: comprender el uso de los cuerpos celestes para la navegación ofrece un enfoque alternativo cuando las herramientas convencionales no son accesibles o funcionales.

2. Pistas ambientales - Descripción: El entorno natural proporciona una variedad de pistas que pueden ayudar a encontrar dirección y navegar.
- Instrucciones:
1. Patrones de vegetación: Es común que el musgo crezca en el lado de los árboles que mira al norte en el hemisferio norte. Sin embargo, la precisión de este método puede verse afectada por varios factores locales.
2. Comportamiento animal: Los animales suelen seguir senderos que conducen a

fuentes de agua. Por la noche, los pájaros suelen dirigirse hacia los cuerpos de agua.

3. Los patrones del viento pueden resultar útiles para determinar la orientación. Muchas regiones experimentan patrones de viento estacionales consistentes.

4. Preste atención a las características topográficas del paisaje, ya que los valles y crestas pueden proporcionarle una valiosa orientación para su viaje. El agua fluye naturalmente cuesta abajo, lo que significa que seguir el camino de un arroyo a menudo puede conducir al descubrimiento de masas de agua más grandes o incluso asentamientos humanos.

- Importancia: la utilización de señales ambientales aumenta la conciencia situacional y puede ofrecer asistencia de navegación adicional en ausencia de herramientas primarias.

C. Integración con GPS

Los dispositivos GPS ofrecen información de ubicación precisa mediante la utilización de tecnología satelital. La combinación del GPS con los métodos de navegación tradicionales reúne la precisión de la tecnología moderna con la confiabilidad de las herramientas eternas.

1. Ventajas y Desventajas - Ventajas:
1. Precisión: Los dispositivos GPS tienen
la capacidad de determinar su ubicación
precisa con un alto nivel de exactitud.
2. Comodidad: Las unidades GPS son
fáciles de usar y pueden proporcionar
direcciones, distancias y rutas
rápidamente.
3. Los dispositivos GPS tienen la
capacidad de almacenar waypoints, rutas
y tracks, lo que facilita la navegación y la
planificación de viajes.
- Desventajas:
1. Dependencia de las baterías: Las
unidades GPS requieren baterías, que
pueden agotarse y dejarlo sin
navegación.
2. Problemas de señal: los bosques
densos, los valles profundos y otros
obstáculos pueden interferir con las
señales del GPS, lo que resulta en una
menor precisión o pérdida de la señal.
3. Confiabilidad: Los dispositivos
electrónicos pueden sufrir fallas de
funcionamiento o daños, lo que los hace
menos confiables en entornos
desafiantes.
- Importancia: Tener una comprensión
clara de las ventajas y desventajas de
los dispositivos GPS es crucial para
tomar decisiones bien informadas sobre
su uso y estar preparado con métodos de
navegación alternativos.

2. Mejora de la navegación con una combinación de técnicas modernas y tradicionales - Descripción: Al combinar la precisión de la tecnología GPS con los métodos probados de lectura de mapas y navegación con brújula, se puede mejorar en gran medida su eficacia general para encontrar el camino.
- Instrucciones:
1. Confirme los datos del GPS: compare las coordenadas del GPS con su mapa para garantizar la precisión. Utilice el GPS para determinar su paradero preciso y posteriormente localizarlo en el mapa.
2. Ingrese puntos de ruta: ingrese las coordenadas de su mapa en el GPS para una navegación conveniente. Esto le permite navegar por rutas predeterminadas con mayor precisión.
3. Utilízalo como respaldo: Confía en el mapa y la brújula como herramientas principales, utilizando el GPS solo como opción secundaria o para confirmar tu ubicación. Incluso si el GPS falla, puede confiar en sus técnicas de navegación probadas y verdaderas.
4. Vigile la duración de la batería: conserve la energía de la batería desactivando el GPS cuando no sea necesario o usándolo solo cuando sea necesario.
5. Utilice una variedad de técnicas para mejorar sus habilidades de navegación. Incorpore métodos tradicionales como la

triangulación y la navegación a estima
junto con datos de GPS para lograr
resultados más precisos. Por ejemplo,
utilice el GPS para establecer una
dirección inicial y luego confíe en la
brújula para rastrearla.
- Importancia: Al integrar la tecnología
GPS con métodos convencionales, se
logra un enfoque de navegación holístico,
aprovechando las ventajas únicas de
cada tecnología para garantizar
resultados precisos y confiables en
diversos entornos.

Pensamientos finales

Tener un buen conocimiento de la
navegación es crucial cuando se trata de
atravesar con éxito paisajes difíciles y
garantizar su seguridad durante las
expediciones al aire libre. Métodos como
la navegación a estima, la utilización de
señales naturales y la combinación de la
tecnología GPS con técnicas tradicionales
ofrecen una base sólida para una
navegación exitosa.

La navegación a estima requiere hacer
estimaciones de distancias y mantener el
rumbo utilizando una posición que se
determinó anteriormente. Tener esta
habilidad es extremadamente importante
en situaciones donde la visibilidad es
limitada o cuando otros medios de

navegación no son accesibles. A través de una estimación precisa de la distancia y el cumplimiento inquebrantable de una ruta predeterminada, las personas que exploran el aire libre pueden asegurarse de mantener el rumbo y llegar a sus destinos deseados sin contratiempos.

La utilización de indicadores naturales como el sol, las estrellas y las señales ambientales puede ofrecer una valiosa ayuda para la navegación en situaciones en las que las herramientas convencionales no están disponibles. Tener una comprensión de los cuerpos celestes y ser capaz de interpretar las señales ambientales puede mejorar en gran medida su conciencia situacional y brindarle formas confiables de determinar su dirección y orientación.

La combinación de la tecnología GPS con los métodos de navegación tradicionales reúne la precisión de los dispositivos modernos con la confiabilidad de las herramientas eternas. Mediante el uso cuidadoso de datos GPS, mapas, puntos de ruta y el GPS como respaldo confiable, los viajeros pueden garantizar una navegación precisa y optimizada. Obtener una comprensión profunda de las capacidades y limitaciones de los dispositivos GPS permite a las personas tomar decisiones bien informadas y estar

preparados con estrategias de
navegación alternativas.

La adquisición de estas habilidades de
navegación avanzadas permite a los
entusiastas de las actividades al aire libre
aventurarse con confianza y seguridad
en la naturaleza salvaje. Tener un
conocimiento sólido de diversas técnicas
de navegación, ya sea usando GPS,
mapas y brújulas, o confiando en señales
naturales del entorno, es crucial para
una navegación exitosa en cualquier
escenario. Dominar estas habilidades
mejora la experiencia de navegación y
fomenta la autosuficiencia, la
adaptabilidad y el puro placer de
explorar el aire libre.

CAPÍTULO 6

Aplicaciones y escenarios prácticos

Tener un buen conocimiento de las habilidades de navegación es fundamental para garantizar la seguridad y lograr el éxito durante las expediciones al aire libre. Esta sección profundiza en situaciones prácticas en las que estas habilidades son cruciales, incluida la gestión de situaciones inesperadas, encontrar el camino en la oscuridad y adaptarse a condiciones desafiantes como niebla, bosques espesos y clima impredecible.

A. Varado en el desierto

Descubrir que estás perdido en la naturaleza puede ser una prueba desorientadora y aterradora. Mantener la compostura y reajustar metódicamente la orientación es crucial para localizar el camino de regreso a un lugar seguro.

1. Mantener la cabeza fría - Descripción: Es fundamental mantener la compostura cuando te encuentras en una situación desconocida. Sentirse abrumado puede resultar en tomar decisiones apresuradas y empeorar la situación.
- Instrucciones:

1. Cese: detenga inmediatamente su movimiento para evitar una mayor desorientación.
2. Reflexiona: Haz una pausa por un momento para recoger tus ideas y evaluar tus circunstancias.
3. Tómate un momento para observar atentamente tu entorno. Busque puntos de referencia familiares o características distintivas que puedan ayudarle a navegar.
4. Estrategia: cree una estrategia considerando cuidadosamente sus observaciones y los recursos a su disposición.
- Recordatorio: mantener una actitud tranquila le permite pensar con claridad, tomar decisiones racionales y utilizar sus herramientas de navegación en su máximo potencial.

2. Encontrar tu camino - Descripción: Encontrar tu camino implica descubrir dónde estás y elegir el camino óptimo hacia la seguridad.
- Instrucciones:
1. Utilice su mapa y brújula: intente determinar su ubicación comparando su entorno con el mapa.
2. Retroceder: si es posible, retroceda por el camino por el que vino hasta un lugar conocido. Esté atento a los puntos de referencia o indicadores únicos que pueda haber encontrado antes.

3. Determine su posición: utilice la triangulación dirigiéndose a puntos de referencia familiares y marcándolos en su mapa para determinar su ubicación.
4. Determine una nueva dirección: después de determinar su posición, elija una nueva dirección que conduzca a un lugar familiar y seguro, como un campamento o el comienzo de un sendero.
5. Pida ayuda: si no puede reorientarse, esté preparado para pedir ayuda utilizando un silbato, un espejo o creando señales visibles como un gran SOS en el suelo.
- Importancia: Ser capaz de reorientarse eficazmente al aire libre es fundamental para garantizar su seguridad y minimizar el riesgo de exposición prolongada a los elementos. Le permite encontrar el camino de regreso a un lugar seguro o enviar señales de rescate si es necesario.

B. Navegando en la oscuridad

Moverse en la oscuridad puede ser bastante complicado porque es difícil ver hacia dónde se dirige. Al utilizar técnicas específicas y tener en cuenta la seguridad, podrá navegar con éxito en diversos entornos.

1. Estrategias para visibilidad limitada - Descripción: Moverse en situaciones de

baja visibilidad requiere diferentes enfoques para tener en cuenta la visión reducida.
- Instrucciones:
1. Utilice una linterna frontal: opte por una linterna frontal que ofrezca una opción de luz roja para proteger su visión nocturna y permitir una iluminación conveniente con manos libres.
2. Utilice las estrellas: durante las noches despejadas, confíe en constelaciones como la Estrella Polar (Polaris) en el hemisferio norte para determinar su dirección.
3. Recuerda colocar señales reflectantes en tu camino si pretendes volver sobre tus pasos. Estas herramientas pueden ayudarle a mantener su curso.
4. Utilice el conteo de ritmos para medir distancias en situaciones donde los puntos de referencia pueden ser menos visibles. Mide tus pasos para medir la distancia recorrida.
5. Presta atención a los sonidos que te rodean. En bosques densos o en la niebla, escuche el sonido del agua que fluye o el susurro de las hojas para ayudarle a navegar.
- Importancia: Estas técnicas son cruciales para mantener la dirección y garantizar la seguridad al navegar en condiciones de visibilidad limitada.

2. Consideraciones de seguridad -
Descripción: Garantizar la seguridad es
de suma importancia cuando se navega
en la oscuridad. La baja visibilidad
aumenta el potencial de accidentes.
- Instrucciones:
1. Tómatelo con calma: adopta un ritmo
más mesurado y cuidadoso para evitar
percances o accidentes.
2. Recuerde permanecer en el sendero y
evitar desviarse del camino designado.
Explorar un terreno desconocido en la
oscuridad puede provocar fácilmente una
pérdida de dirección.
3. Siempre es una buena idea tener a
alguien contigo cuando estás explorando.
Permanezcan juntos y asegúrese de
mantenerse en comunicación constante.
4. Asegúrese de tener a mano
dispositivos de señalización, como un
silbato, una linterna y otras herramientas
de señalización, en caso de que necesite
llamar la atención de otras personas
cercanas.
5. Sea consciente de sus capacidades: si
la navegación se vuelve desafiante o
peligrosa, podría ser prudente establecer
un campamento y esperar hasta la
mañana para continuar.
- La seguridad es lo primero: seguir
estas consideraciones de seguridad es
crucial para reducir las posibilidades de
lastimarse y ayudarlo a navegar con
éxito en condiciones de poca luz.

C. Circunstancias desafiantes

Navegar con éxito a través de entornos desafiantes como niebla, bosques densos o condiciones climáticas impredecibles exige la capacidad de adaptarse y poseer habilidades adicionales para garantizar la orientación y la seguridad.

1. Navegar en niebla o bosque denso - Descripción: La niebla densa y los bosques espesos pueden dificultar la orientación, oscureciendo puntos de referencia y senderos.
- Instrucciones:
1. Utilice una brújula: confíe en gran medida en su brújula para mantener constantemente una orientación específica. Al navegar a través de una niebla densa, es importante mantener siempre la brújula a la vista y controlar periódicamente la dirección.
2. Utilice el ritmo y el tiempo para hacer estimaciones precisas de las distancias recorridas. Esto es especialmente útil en bosques donde hay pocos puntos de referencia en los que confiar.
3. Recuerde marcar su sendero usando marcadores ecológicos o cinta de señalización para ayudarlo a navegar a través de la naturaleza. Esto puede resultar útil para volver sobre su camino si es necesario.

4. Cíñete al camino: Cíñete a las características naturales como ríos, crestas o senderos que pueden ayudarte a navegar, incluso en condiciones difíciles.
5. Utilice GPS: si tiene acceso a un dispositivo GPS, utilícelo para realizar un seguimiento de su ubicación. Asegúrese de monitorear frecuentemente su posición y confirmar que va en la dirección correcta.
- Importancia: Estas estrategias son cruciales para mantenerse orientado y evitar perderse en situaciones con visibilidad limitada.

2. Cómo lidiar con los cambios climáticos
- Descripción: Los cambios repentinos en el clima pueden tener un impacto en la navegación al cambiar el entorno, dificultar la identificación de puntos de referencia y afectar la efectividad de las herramientas de navegación.
- Instrucciones:
1. Manténgase actualizado sobre las condiciones climáticas: Manténgase informado sobre los pronósticos meteorológicos antes y durante su viaje. Asegúrese de tener a mano un barómetro o una radio meteorológica portátil para mantenerse actualizado.
2. Busque refugio: en caso de condiciones climáticas extremas, ubique

o construya un refugio y permanezca allí hasta que las condiciones mejoren.

3. Garantice la seguridad de su equipo manteniendo su mapa y brújula protegidos de los elementos y libres de humedad. Asegúrese de que sus pertenencias estén protegidas del agua utilizando estuches o bolsas impermeables.

4. Manténgase abierto a ajustar su ruta y sea flexible con sus planes. Ante condiciones climáticas desfavorables, es importante ajustar la ruta y buscar terrenos más seguros.

5. Vístase en capas y traiga el equipo necesario, como impermeables y mantas térmicas, para soportar las fluctuaciones de temperatura.

6. Familiarícese con las posibles zonas seguras y rutas de escape en su mapa antes de emprender su viaje. Esté preparado para navegar rápidamente a través de terreno desconocido si el clima cambia repentinamente.

- Importancia: Ser capaz de adaptarse a los cambios climáticos es crucial para garantizar tu seguridad y tomar las precauciones necesarias ante condiciones climáticas severas.

Tener un fuerte sentido de orientación y la capacidad de navegar es esencial a la hora de afrontar diferentes desafíos al aire libre. Cuando se enfrenta a situaciones desafiantes como estar desorientado, viajar en la oscuridad o enfrentar condiciones climáticas adversas, tener un sólido conocimiento de técnicas avanzadas es crucial para mantener la seguridad y maximizar la eficiencia.

Cuando te encuentras en un lugar desconocido, es importante mantener la calma y abordar la situación con una mentalidad sistemática. El uso de mapas, brújulas e indicadores naturales puede ayudarle a orientarse y encontrar el camino. Al navegar de noche, es importante utilizar técnicas especializadas para manejar la visibilidad limitada y garantizar su seguridad. Circunstancias desafiantes como la niebla, los bosques densos y el clima impredecible requieren flexibilidad y preparación para navegar con éxito.

Mantener la compostura y reajustar sistemáticamente la orientación cuando uno está desorientado puede evitar la ansiedad y ayudar a restablecer la dirección. Dominar diversas técnicas es esencial para navegar con éxito por terrenos desconocidos y garantizar un regreso seguro.

Moverse en la oscuridad requiere adaptarse a una visibilidad limitada. Al utilizar faros, marcadores reflectantes y técnicas de navegación celeste, uno puede mantener el rumbo de manera efectiva en terreno desconocido. Es fundamental priorizar la seguridad tomando precauciones como mantener un ritmo moderado, seguir los caminos designados y asegurarse de tener un acompañante.

En entornos desafiantes, como áreas con niebla y bosques densos, es fundamental depender de las brújulas, el ritmo y los puntos de referencia naturales para mantener el rumbo. Estar preparado para un clima impredecible implica monitorear de cerca las condiciones, tomar medidas para proteger el equipo, hacer los ajustes necesarios a las rutas y tener una comprensión clara de las rutas de escape para priorizar la seguridad.

Desarrollar el dominio de estas técnicas prácticas mejora su capacidad para navegar de manera efectiva y garantiza su confianza y seguridad al explorar el aire libre. Cuando se enfrentan a las dificultades de perderse, encontrar el camino en la oscuridad o adaptarse a circunstancias desfavorables, poseer estas habilidades garantiza que los excursionistas y supervivientes puedan gestionar con éxito cualquier escenario, mejorando la seguridad y el placer de sus escapadas al aire libre.

EL FIN

www.ingramcontent.com/pod-product-compliance
Lightning Source LLC
Chambersburg PA
CBHW051704250726
48653CB00007B/2845